Toma este tamalito

Matilde Miles
ilustrado por Ana Iosa

I0800716

Toma este tamalito, Fito.

Toma, Sofi.

Toma, Fani.

Toma, Feli.

Toma, Lisa.

Toma, Fina.

¡Yo tomo este tamalito!

Actividades de aprendizaje

Buenos vecinos

Conversa con un compañero acerca del cuento. ¿Por qué es bueno tener vecinos?

Mis vecinos y yo...

Haz un dibujo de algo que te gusta hacer con tus vecinos. Rotula tu dibujo.

Conoce a tus vecinos

GR A • Benchmark 1 • Lexile 60

MaravillasMHE.com

978-0-02-126064-5
MHID 0-02-126064-8

EAN

9 780021 260645 99701

K.4.2

Mc Graw Hill Education

Ficción

¿Qué mira Chenoa?

Lili Schojer

ilustrado por Akemi Gutiérrez

McGraw Hill Education

ESTRATEGIAS Y DESTREZAS

Comprensión

Estrategia: Visualizar

Destreza: Detalles clave

Palabras de uso frecuente

en, mira

Fonética

Sonido /ch/

Número de palabras: 30

mheducation.com/prek-12

Send all inquiries to:
McGraw-Hill Education
Two Penn Plaza
New York, New York 10121

ISBN: 978-0-02-125914-4
MHID: 0-02-125914-3

Printed in China.

6 7 8 9 10 DSS 22 21 20 19 18 B